La réalité virtuelle

Une nouvelle dimension de
l'expérience humaine

Table des matières

I. Introduction

1.1 Présentation de la réalité virtuelle

La réalité virtuelle, une technologie en plein essor, est devenue un sujet de conversation de plus en plus présent dans notre vie quotidienne. Cette technologie, qui permet à l'utilisateur de se plonger dans un univers artificiel, est en train de révolutionner notre manière d'interagir avec notre environnement et ouvre la porte à des expériences jusqu'ici inimaginables.

La réalité virtuelle peut être définie comme une simulation informatique immersive, créant un environnement artificiel qui reproduit des aspects de l'environnement réel. Cette simulation peut être vécue en temps réel, offrant un niveau d'interactivité sans précédent pour l'utilisateur.

L'objectif de la réalité virtuelle est de plonger l'utilisateur dans une expérience qui paraît réelle. La perception de la réalité est altérée, permettant une immersion totale dans l'environnement virtuel. Cette immersion est rendue possible grâce à des équipements spécifiques qui permettent de simuler différents sens humains tels que la vision, l'ouïe ou encore le toucher.

La réalité virtuelle a été rendue populaire grâce à des applications telles que les jeux vidéo, mais elle est également utilisée dans de nombreux autres domaines tels que la formation professionnelle, le domaine médical, le tourisme et bien plus encore. Les possibilités offertes par la réalité virtuelle sont pratiquement infinies, et l'avenir de cette technologie est très prometteur.

1.2 Histoire

La réalité virtuelle ne date pas d'hier. En effet, les premières expériences en la matière remontent à plusieurs siècles. Le célèbre peintre Léonard de Vinci, par exemple, aurait créé un dispositif de projection qui permettait de voir des images en 3D.

Mais c'est véritablement dans les années 1960 que la réalité virtuelle a commencé à prendre forme grâce aux recherches menées dans le domaine de l'informatique. A cette époque, les ordinateurs étaient encore très volumineux et coûteux, mais des scientifiques comme Ivan Sutherland ont commencé à imaginer des interfaces qui permettraient aux utilisateurs d'interagir avec des environnements virtuels.

Dans les années 1980, la réalité virtuelle a fait ses premiers pas sur le marché grand public grâce aux avancées technologiques en matière de graphisme, de traitement de l'image et de matériel informatique. Des entreprises comme Atari ou Sega ont lancé des jeux vidéo utilisant la réalité virtuelle, mais ces expériences étaient souvent très rudimentaires.

Ce n'est que dans les années 1990 que la réalité virtuelle a réellement pris son envol. Les casques de réalité virtuelle ont commencé à être commercialisés, offrant des expériences plus immersives et plus réalistes. Des entreprises comme Nintendo ou Sony ont lancé des consoles de jeux vidéo compatibles avec la réalité virtuelle.

Aujourd'hui, la réalité virtuelle continue d'évoluer à un rythme effréné. Les casques sont de plus en plus sophistiqués, les expériences de plus en plus immersives. Les domaines d'application sont de plus en plus vastes, allant du divertissement aux soins médicaux, en passant par la formation professionnelle ou la recherche scientifique. La réalité virtuelle est en passe de devenir l'une des technologies les plus influentes de notre époque.

1.3 Les différents types de réalité virtuelle

Dans cette partie, nous allons explorer les différents types de réalité virtuelle, ainsi que leurs caractéristiques et leurs différences.

Tout d'abord, la réalité virtuelle peut être classée en deux types : la réalité virtuelle immersive et la réalité virtuelle non immersive. La réalité virtuelle immersive offre une expérience en 3D, où l'utilisateur est plongé dans un monde virtuel et peut interagir avec lui. Les casques de réalité virtuelle sont le principal dispositif utilisé pour offrir une expérience immersive, en affichant des images stéréoscopiques séparées pour chaque œil et en suivant les mouvements de la tête de l'utilisateur.

D'autre part, la réalité virtuelle non immersive n'immerge pas complètement l'utilisateur dans un monde virtuel. Elle utilise plutôt des écrans plats pour afficher du contenu en 2D, tel que des vidéos, des images et des présentations. Les utilisateurs peuvent interagir avec le contenu à l'aide de périphériques tels que des souris, des claviers ou des écrans tactiles.

Il existe également deux autres types de réalité virtuelle : la réalité virtuelle augmentée et la réalité virtuelle mixte. La réalité virtuelle augmentée ajoute des éléments virtuels à la vue du monde réel, tandis que la réalité virtuelle mixte combine des éléments réels et virtuels pour créer une expérience de réalité augmentée immersive.

Chaque type de réalité virtuelle offre des avantages et des inconvénients, et il est important de comprendre ces différences pour choisir la technologie la plus appropriée pour chaque application.

1.4 Les domaines d'application

La réalité virtuelle a trouvé des applications dans divers domaines. Elle est utilisée dans les jeux vidéo, la formation professionnelle, le domaine médical, le domaine militaire et même dans le domaine du tourisme. La liste des applications potentielles de la réalité virtuelle est longue et en constante évolution.

Dans le domaine des jeux vidéo, la réalité virtuelle permet une immersion complète dans le monde du jeu. Les joueurs peuvent interagir avec leur environnement virtuel de manière plus naturelle, en utilisant des contrôleurs de mouvement et des dispositifs de suivi de mouvement. La réalité virtuelle offre une expérience de jeu plus réaliste et plus intense.

Dans le domaine de la formation professionnelle, la réalité virtuelle est utilisée pour simuler des situations de travail complexes. Les travailleurs peuvent apprendre de manière plus efficace en s'entraînant dans un environnement simulé. La réalité virtuelle permet également de réduire les coûts liés à la formation, car les entreprises n'ont plus besoin de dépenser de l'argent pour des équipements coûteux ou pour la mise en place d'un environnement de formation.

Dans le domaine médical, la réalité virtuelle est utilisée pour la formation des chirurgiens, la thérapie et la réadaptation des patients. Elle permet également aux médecins de visualiser les organes internes en trois dimensions, ce qui facilite la planification des interventions chirurgicales. La réalité virtuelle est également utilisée dans la recherche médicale pour étudier la structure du cerveau et pour concevoir de nouveaux traitements.

Dans le domaine militaire, la réalité virtuelle est utilisée pour l'entraînement des soldats, la simulation de missions et la planification des opérations. Elle permet également de tester de nouvelles armes et de nouveaux équipements dans un environnement simulé avant leur déploiement sur le terrain.

Enfin, dans le domaine du tourisme, la réalité virtuelle est utilisée pour offrir une expérience de voyage immersive et réaliste. Les utilisateurs peuvent explorer des destinations touristiques sans quitter leur domicile, ce qui peut aider à stimuler l'industrie du tourisme et à promouvoir les voyages dans des endroits moins connus.

La réalité virtuelle a donc trouvé des applications dans de nombreux domaines, offrant des avantages tels que l'amélioration de l'expérience utilisateur, la réduction des coûts de formation, la facilitation de la planification des opérations et la stimulation de l'industrie du tourisme. La réalité virtuelle continue d'évoluer et de se développer, offrant des possibilités encore plus grandes pour l'avenir.

II. La technologie de la réalité virtuelle

2.1 Les composants

Les composants de la réalité virtuelle sont des éléments clés pour offrir une expérience immersive et captivante aux utilisateurs. Ils sont nombreux et variés, allant des capteurs de mouvements aux afficheurs haute résolution en passant par les logiciels de rendu et les processeurs.

L'un des composants les plus importants de la réalité virtuelle est le casque. Il s'agit d'un appareil porté sur la tête qui permet à l'utilisateur de visualiser un environnement virtuel en 3D. Les casques modernes sont dotés de plusieurs écrans haute résolution qui affichent des images légèrement décalées pour créer un effet de profondeur.

Les casques sont souvent équipés de capteurs de mouvement, tels que des accéléromètres, des gyroscopes et des magnétomètres. Ces capteurs permettent de suivre les mouvements de la tête de l'utilisateur et de modifier l'affichage en conséquence, créant ainsi une sensation de présence dans le monde virtuel.

Un autre composant clé est le dispositif d'interaction, qui permet à l'utilisateur d'interagir avec le monde virtuel. Les dispositifs les plus courants sont les manettes, les gants de données, les dispositifs de reconnaissance vocale et les dispositifs de suivi des mouvements des mains.

Enfin, les systèmes de suivi de mouvement sont essentiels pour garantir une expérience immersive et précise en temps réel. Les systèmes de suivi peuvent utiliser des caméras, des capteurs laser, des capteurs optiques ou une combinaison de ces technologies pour suivre la position et l'orientation de l'utilisateur dans l'espace. Ces informations sont ensuite utilisées pour ajuster l'affichage en fonction des mouvements de l'utilisateur.

Dans l'ensemble, les composants de la réalité virtuelle travaillent ensemble pour créer une expérience immersive et convaincante pour l'utilisateur. C'est la combinaison de ces éléments qui permet à la réalité virtuelle de se démarquer comme une technologie révolutionnaire et en constante évolution.

2.2 Les casques de réalité virtuelle

Les casques de réalité virtuelle sont des dispositifs qui permettent de vivre une expérience de réalité virtuelle. Les casques VR sont équipés de deux écrans, un pour chaque œil, qui projettent une image différente pour créer un effet de profondeur. Ils peuvent être connectés à un ordinateur, une console de jeu ou un smartphone pour fournir une source de contenu.

Les casques VR sont apparus pour la première fois dans les années 90, mais leur utilisation était limitée en raison de leur coût élevé et de leur encombrement. Cependant, avec l'avènement de la technologie des écrans haute résolution, des capteurs de mouvement et des cartes graphiques puissantes, les casques VR ont connu une nouvelle ère de popularité.

Aujourd'hui, les casques VR les plus populaires sont l'Oculus Rift, le HTC Vive, le PlayStation VR et le Samsung Gear VR. Chacun de ces casques a ses propres spécifications techniques et avantages, mais tous offrent une expérience immersive de réalité virtuelle.

Cependant, malgré les améliorations récentes, les casques VR ont encore des inconvénients tels que le poids, la chaleur, l'inconfort, la faible autonomie de la batterie et la difficulté à lire du texte. Néanmoins, les progrès technologiques continuent d'être réalisés pour résoudre ces problèmes et améliorer l'expérience utilisateur de la réalité virtuelle.

2.3 Les dispositifs d'interaction

Les dispositifs d'interaction en réalité virtuelle sont des outils qui permettent aux utilisateurs d'interagir avec le monde virtuel. Ils sont essentiels pour rendre l'expérience en réalité virtuelle la plus immersive possible. Il existe plusieurs types de dispositifs d'interaction, chacun ayant ses propres avantages et inconvénients.

Le premier type de dispositif d'interaction est la manette. Les manettes sont utilisées pour les jeux en réalité virtuelle, mais peuvent également être utilisées pour interagir avec des environnements virtuels. Les manettes permettent aux utilisateurs de saisir des objets virtuels, de les déplacer et de les manipuler. Les manettes ont l'avantage d'être relativement simples à utiliser et peuvent être utilisées pour une variété de tâches différentes. Cependant, elles ne permettent pas une interaction aussi précise que certains autres dispositifs.

Le deuxième type de dispositif d'interaction est la manette de détection de mouvement. Ces manettes permettent aux utilisateurs de déplacer des objets virtuels en fonction de leurs mouvements dans le monde réel. Les manettes de détection de mouvement sont souvent utilisées dans les jeux en réalité virtuelle, mais peuvent également être utilisées pour des tâches plus complexes comme la modélisation 3D. Les manettes de détection de mouvement sont plus précises que les manettes traditionnelles, mais peuvent être plus difficiles à utiliser pour les débutants.

Le troisième type de dispositif d'interaction est la bague de contrôle. Les bagues de contrôle sont portées sur les doigts et permettent aux utilisateurs de saisir et de déplacer des objets virtuels avec leurs mains. Les bagues de contrôle sont très précises et offrent une expérience plus naturelle pour les utilisateurs. Cependant, elles peuvent être plus coûteuses et difficiles à utiliser pour les débutants.

Enfin, le quatrième type de dispositif d'interaction est la combinaison. Les combinaisons sont des costumes complets qui permettent aux utilisateurs de se déplacer dans un environnement virtuel en fonction de leurs mouvements dans le monde réel. Les combinaisons offrent une expérience très immersive, mais sont également très coûteuses et nécessitent un grand espace pour être utilisées efficacement.

2.4 Les systèmes de tracking

L'un des défis les plus importants en matière de réalité virtuelle est la capacité à suivre les mouvements de l'utilisateur de manière précise et en temps réel. Pour permettre une immersion totale dans un environnement virtuel, il est essentiel que les mouvements de l'utilisateur soient correctement capturés et retransmis en temps réel.

C'est là que les systèmes de tracking entrent en jeu. Ils sont conçus pour suivre la position et l'orientation de l'utilisateur dans l'espace en temps réel. Les systèmes de tracking permettent de suivre les mouvements de la tête, des mains et du corps entier, ce qui permet de créer une expérience de réalité virtuelle plus réaliste et plus immersive.

Les systèmes de tracking utilisent une variété de technologies pour suivre les mouvements de l'utilisateur. Les capteurs inertiels sont l'un des types de technologie de tracking les plus couramment utilisés en réalité virtuelle. Les capteurs inertiels mesurent les mouvements à l'aide d'accéléromètres, de gyroscopes et de magnétomètres. Ils sont généralement placés sur le casque VR ou les contrôleurs de mouvement pour suivre les mouvements de l'utilisateur.

Les caméras sont une autre technologie couramment utilisée pour le tracking en réalité virtuelle. Les caméras sont placées autour de la pièce pour suivre les mouvements de l'utilisateur. Les capteurs sur les contrôleurs de mouvement sont également suivis par les caméras. Les caméras sont capables de suivre les mouvements de l'utilisateur avec une grande précision, mais elles nécessitent également un espace physique suffisamment grand pour être efficaces.

Enfin, il existe des systèmes de tracking optique qui utilisent des marqueurs ou des motifs spéciaux sur les contrôleurs de mouvement et le casque VR. Les capteurs optiques suivent ces marqueurs pour suivre les mouvements de l'utilisateur en temps réel. Les systèmes de tracking optique sont capables de suivre les mouvements de manière très précise, mais ils nécessitent également beaucoup d'espace.

2.5 Les systèmes audio

La qualité du son est un élément essentiel de l'expérience en réalité virtuelle. Elle permet d'améliorer l'immersion et de renforcer l'effet de présence. Les systèmes audio en réalité virtuelle ont pour objectif de recréer un son spatial, c'est-à-dire de donner l'impression que le son provient de différentes directions, en fonction de l'emplacement de l'utilisateur dans l'espace virtuel.

Les systèmes audio en réalité virtuelle sont généralement des casques audio intégrés aux casques de réalité virtuelle. Ils peuvent être de deux types : les systèmes audio stéréo et les systèmes audio 3D.

Les systèmes audio stéréo sont les plus courants. Ils utilisent deux haut-parleurs pour reproduire le son. Ce type de système permet de restituer la direction et la distance de la source sonore, mais il ne permet pas une immersion totale dans l'environnement sonore.

Les systèmes audio 3D, également appelés systèmes audio spatialisés, permettent de recréer un son spatial plus réaliste. Ils utilisent plusieurs haut-parleurs pour reproduire les sons en fonction de leur emplacement dans l'espace virtuel. Ces systèmes peuvent utiliser des algorithmes de traitement du son pour simuler les effets de réverbération et de propagation du son dans l'environnement virtuel.

Les systèmes audio en réalité virtuelle peuvent également être équipés de microphones pour permettre aux utilisateurs de communiquer avec d'autres personnes dans l'environnement virtuel. Ces microphones peuvent être utilisés pour des interactions sociales, des jeux multi-joueurs ou des applications de communication professionnelle.

III. Les effets de la réalité virtuelle sur l'expérience utilisateur

3.1 L'immersion

L'immersion est l'un des éléments clés de l'expérience de réalité virtuelle. Pour que l'utilisateur se sente réellement immergé, les sens doivent être stimulés de manière réaliste. Le système visuel est évidemment très important, mais il est loin d'être suffisant.

Les systèmes de réalité virtuelle modernes intègrent également des dispositifs de suivi de la tête et des mouvements du corps, ainsi que des contrôleurs de mouvement qui permettent à l'utilisateur de manipuler des objets virtuels et d'interagir avec l'environnement de manière plus naturelle.

Cependant, une immersion totale est difficile à atteindre car il y a toujours des éléments dans l'environnement réel qui interfèrent avec l'expérience virtuelle. Des câbles qui traînent, des murs qui limitent les mouvements ou des bruits environnants peuvent tous briser l'illusion de la réalité virtuelle.

C'est pourquoi les chercheurs en réalité virtuelle travaillent sur des technologies de plus en plus avancées pour améliorer l'immersion. Des projets comme le projet Varifocal Display de Microsoft, qui utilise la détection de la position de l'œil pour ajuster la mise au point en temps réel, ou le projet Aurora de Disney Research, qui utilise des effets tactiles pour simuler la sensation de différentes textures, ont le potentiel de rendre l'expérience de réalité virtuelle encore plus immersive.

L'immersion est donc un élément clé de la réalité virtuelle, et les avancées technologiques continuent d'améliorer cette expérience pour les utilisateurs.

3.2 L'effet de présence

La notion d'immersion a été évoquée dans la partie précédente et est étroitement liée à l'effet de présence. En effet, ce dernier peut être défini comme la sensation subjective qu'a l'utilisateur d'être physiquement présent dans un environnement virtuel, bien que sachant que ce dernier n'est qu'une simulation.

Pour que cet effet de présence soit optimal, il est important de travailler sur plusieurs aspects techniques de la réalité virtuelle. Tout d'abord, il est essentiel que la latence entre les mouvements de l'utilisateur et la réponse de l'environnement virtuel soit minimale, afin d'éviter tout décalage qui pourrait briser la sensation d'immersion. De même, la qualité de l'image affichée sur le casque doit être la plus haute possible afin de permettre une visualisation précise et détaillée de l'environnement virtuel.

Au-delà de ces aspects techniques, l'effet de présence dépend également de la qualité de la conception de l'environnement virtuel et de sa cohérence avec les interactions possibles de l'utilisateur. Ainsi, une conception réaliste, détaillée et immersive, combinée à des interactions intuitives et naturelles, permettra d'amplifier la sensation d'immersion et d'optimiser l'effet de présence.

3.3 La perception du temps

Dans le cadre de la réalité virtuelle, la perception du temps est un facteur important à prendre en compte. En effet, lorsque les utilisateurs se trouvent dans un environnement virtuel, leur perception du temps peut être altérée.

Plusieurs études ont été menées sur ce sujet, et les résultats montrent que la perception du temps en réalité virtuelle peut varier en fonction de plusieurs facteurs, tels que l'immersion, la complexité de la tâche à effectuer, la présence ou l'absence d'un environnement sonore, etc.

Dans certains cas, les utilisateurs peuvent avoir l'impression que le temps passe plus rapidement en réalité virtuelle qu'en réalité. Cette perception du temps accélérée peut être due à l'immersion dans un environnement virtuel captivant qui demande toute l'attention de l'utilisateur.

Dans d'autres cas, les utilisateurs peuvent avoir l'impression que le temps passe plus lentement en réalité virtuelle. Cette perception peut être due à la difficulté de la tâche à accomplir, ou au manque d'éléments sonores qui peuvent aider à ancrer la perception du temps.

3.4 Les effets physiologiques

La réalité virtuelle n'affecte pas seulement notre expérience cognitive, mais peut également avoir des effets physiologiques sur notre corps. En effet, l'immersion en réalité virtuelle peut déclencher des réponses physiologiques telles que l'accélération du rythme cardiaque, l'augmentation de la pression artérielle, la transpiration et les nausées.

Ces effets sont dus en grande partie à l'effet de présence que procure la réalité virtuelle. En se sentant réellement présent dans un environnement virtuel, le corps réagit comme s'il était dans le monde réel. Cela peut également provoquer une sur-stimulation sensorielle, qui peut causer des maux de tête et des vertiges chez certains utilisateurs.

Cependant, il convient de noter que ces effets ne sont pas universels et peuvent varier d'un individu à l'autre. Les utilisateurs qui souffrent de troubles de l'équilibre ou de la vision peuvent être plus sensibles aux effets physiologiques de la réalité virtuelle.

Malgré ces effets physiologiques, la réalité virtuelle peut également offrir des avantages en matière de santé. En effet, certaines applications de réalité virtuelle sont utilisées dans le traitement de troubles tels que la phobie, les troubles anxieux et le stress post-traumatique. En offrant un environnement contrôlé et sûr pour affronter les peurs, la réalité virtuelle peut aider les patients à surmonter leurs problèmes de santé mentale.

IV. Les applications de la réalité virtuelle

4.1 La réalité virtuelle dans les jeux vidéo

La réalité virtuelle a révolutionné l'industrie des jeux vidéo en offrant aux joueurs une expérience immersive et inédite. Les jeux vidéo en réalité virtuelle permettent aux joueurs de s'immerger complètement dans un environnement virtuel et d'interagir avec lui de manière plus naturelle que jamais auparavant. Les jeux vidéo en réalité virtuelle sont souvent plus réalistes que leurs homologues en 2D et peuvent être conçus pour simuler une grande variété d'expériences, qu'il s'agisse de sports extrêmes, de voyages dans l'espace ou de visites de villes célèbres.

Les développeurs de jeux vidéo ont également commencé à expérimenter des mécanismes de jeu uniques pour la réalité virtuelle. Par exemple, certains jeux exigent que les joueurs interagissent avec leur environnement en utilisant des mouvements corporels réels, tels que marcher, sauter ou même esquiver des attaques ennemies. D'autres jeux utilisent des mécanismes de jeu traditionnels, mais avec un effet de profondeur accru et une immersion améliorée.

Les jeux vidéo en réalité virtuelle sont déjà disponibles pour de nombreuses plates-formes, y compris PlayStation VR, Oculus Rift, HTC Vive et Samsung Gear VR. Bien que les casques de réalité virtuelle soient encore relativement chers, les jeux VR sont de plus en plus populaires et de nombreux grands développeurs de jeux ont annoncé des projets pour la réalité virtuelle dans un proche avenir.

4.2 La réalité virtuelle dans la formation professionnelle

La réalité virtuelle est de plus en plus utilisée dans le domaine de la formation professionnelle. Elle permet de recréer des situations de travail spécifiques pour permettre aux apprenants de s'entraîner dans un environnement réaliste sans risque de dommages corporels ou matériels.

Par exemple, la société Walmart utilise la réalité virtuelle pour former ses employés à des situations potentiellement dangereuses, telles que des accidents impliquant des chariots élévateurs ou des clients agressifs. Les employés peuvent pratiquer ces scénarios en réalité virtuelle avant de les rencontrer dans la réalité, ce qui augmente leur confiance et leur préparation.

Enfin, la réalité virtuelle est également utilisée dans le domaine de la vente pour former les vendeurs à présenter des produits complexes ou à haut risque. Par exemple, les vendeurs de voitures peuvent utiliser la réalité virtuelle pour montrer à leurs clients comment certaines fonctionnalités fonctionnent, tels que le régulateur de vitesse adaptatif ou le stationnement automatique.

4.3 La réalité virtuelle dans le domaine médical

La réalité virtuelle est un outil très prometteur pour le domaine médical. En effet, la technologie permet de simuler des opérations complexes et des environnements médicaux, offrant ainsi une expérience plus immersive et réaliste que les méthodes d'enseignement traditionnelles. Les étudiants peuvent ainsi s'exercer sur des cas virtuels avant de passer à des cas réels, ce qui permet de réduire les risques et les coûts liés à la formation.

La réalité virtuelle est également utilisée dans le traitement de troubles mentaux tels que le stress post-traumatique, la phobie sociale ou la dépression. Les patients sont immergés dans des environnements virtuels qui reproduisent les situations qui déclenchent leur anxiété, leur permettant ainsi de confronter leurs peurs de manière contrôlée et progressive.

Dans le domaine de la rééducation, la réalité virtuelle permet de créer des environnements sûrs et stimulants pour les patients, favorisant ainsi la récupération fonctionnelle après des blessures ou des maladies. Des jeux vidéo thérapeutiques sont également développés pour aider les patients à travailler leur mémoire, leur coordination ou leur équilibre.

La réalité virtuelle est également utilisée dans la chirurgie, en aidant les chirurgiens à visualiser les zones opérées en temps réel, à s'entraîner sur des cas virtuels, ou encore à collaborer à distance avec des experts pour des interventions complexes.

La réalité virtuelle offre ainsi des perspectives très intéressantes pour le domaine médical, en permettant de créer des environnements d'apprentissage sûrs et efficaces, en offrant des outils de diagnostic et d'aide à la chirurgie, et en aidant les patients à surmonter leurs troubles mentaux et physiques.

4.4 La réalité virtuelle dans le domaine militaire

Le domaine militaire est un autre secteur dans lequel la réalité virtuelle est largement utilisée. Les applications de la réalité virtuelle dans ce domaine sont diverses et variées, allant de la formation à l'entraînement, en passant par la planification et la simulation.

L'un des principaux avantages de la réalité virtuelle dans le domaine militaire est qu'elle permet aux soldats et aux équipes de défense de s'entraîner dans des conditions similaires à celles qu'ils pourraient rencontrer sur le terrain. Les simulations en réalité virtuelle peuvent reproduire des environnements tels que des villes, des terrains accidentés ou des zones de combat urbaines, permettant aux soldats de s'entraîner à la navigation, à la reconnaissance, à la communication et à la prise de décision en temps réel.

La réalité virtuelle est également utilisée pour simuler des scénarios de mission, permettant aux commandants et aux stratèges de tester différentes stratégies et de visualiser les conséquences de leurs décisions. Les simulations en réalité virtuelle peuvent aider les décideurs à identifier les failles potentielles dans les plans de mission et à trouver des moyens d'y remédier.

Enfin, la réalité virtuelle est également utilisée pour la formation à des compétences spécifiques, telles que la maintenance d'armes, la sécurité des véhicules et la gestion de la logistique. Les simulations en réalité virtuelle permettent aux soldats de s'entraîner de manière pratique et immersive, sans risque de mettre leur vie en danger ou de causer des dommages matériels.

4.5 La réalité virtuelle dans le domaine du tourisme

La réalité virtuelle est une technologie qui a le potentiel de transformer le secteur du tourisme, en offrant aux voyageurs des expériences immersives qui leur permettent de visiter des lieux qu'ils n'auraient peut-être jamais eu la chance de voir autrement. Le tourisme virtuel peut également offrir une alternative plus écologique aux voyages traditionnels, ce qui en fait une option de choix pour les voyageurs conscients de l'environnement.

Grâce à la réalité virtuelle, les voyageurs peuvent explorer des destinations du monde entier sans avoir à quitter le confort de leur domicile. Des applications de réalité virtuelle, telles que Google Earth VR, permettent aux utilisateurs de survoler des villes et des paysages incroyables, de plonger dans l'océan ou de visiter des musées célèbres, le tout en quelques clics.

Les hôtels et les compagnies aériennes peuvent également utiliser la réalité virtuelle pour offrir des visites virtuelles de leurs installations et permettre aux clients potentiels de voir à quoi ressemble une chambre d'hôtel ou un siège en classe affaires avant de réserver. Les voyagistes peuvent également offrir des visites virtuelles guidées de destinations populaires, donnant aux clients une idée de ce qu'ils peuvent attendre de leur voyage.

En outre, les attractions touristiques peuvent également utiliser la réalité virtuelle pour offrir des expériences plus immersives. Les parcs d'attractions peuvent utiliser la réalité virtuelle pour créer des montagnes russes virtuelles, tandis que les musées peuvent offrir des expositions virtuelles qui permettent aux visiteurs de découvrir des artefacts rares et précieux de manière plus interactive.

V. Les enjeux de la réalité virtuelle

5.1 Les enjeux éthiques et sociaux

La réalité virtuelle soulève des enjeux éthiques et sociaux importants. D'un côté, elle offre des possibilités incroyables pour les utilisateurs de vivre des expériences qu'ils ne pourraient pas vivre autrement, comme voler dans les airs ou nager avec des requins. De l'autre, elle soulève des questions éthiques en termes de manipulation de la réalité et de la perception qu'ont les utilisateurs de celle-ci.

L'un des principaux enjeux éthiques de la réalité virtuelle est lié à la possibilité de créer des mondes virtuels qui sont très différents de notre monde réel. Dans ces mondes virtuels, il est possible de créer des situations qui peuvent être contraires à nos valeurs morales. Par exemple, il pourrait être possible de créer des scénarios violents ou pornographiques qui pourraient avoir un impact négatif sur les utilisateurs.

Un autre enjeu éthique est la question de la dépendance à la réalité virtuelle. Les jeux vidéo en réalité virtuelle sont déjà très addictifs, et il est facile de s'imaginer que les utilisateurs pourraient devenir dépendants de la réalité virtuelle en général. SI cela se produisait, cela pourrait entraîner des conséquences négatives sur leur santé mentale et physique, ainsi que sur leur vie sociale et professionnelle.

En termes sociaux, la réalité virtuelle soulève également des enjeux. Elle pourrait potentiellement isoler les utilisateurs, car ils pourraient passer de plus en plus de temps dans des mondes virtuels plutôt que dans le monde réel. Cela pourrait avoir un impact sur leur santé mentale, leur capacité à interagir avec les autres, et leur intégration dans la société.

Enfin, la réalité virtuelle soulève également des questions liées à la protection des données personnelles des utilisateurs. Comme pour toute technologie qui collecte des données, il est important de s'assurer que les données des utilisateurs sont protégées et utilisées de manière responsable.

5.2 Les enjeux économiques

La réalité virtuelle est une technologie en plein essor et représente un marché en constante évolution. Selon une étude menée par Grand View Research, le marché de la réalité virtuelle devrait atteindre 120 milliards de dollars d'ici 2026. L'industrie de la réalité virtuelle offre de nombreuses opportunités aux entreprises, qu'il s'agisse de développeurs de jeux vidéo, de fabricants de casques de réalité virtuelle ou de fournisseurs de solutions de formation professionnelle.

Les jeux vidéo constituent actuellement le principal moteur de croissance de l'industrie de la réalité virtuelle, représentant près de 70% des revenus générés par la technologie. Cependant, la réalité virtuelle est également de plus en plus utilisée dans les secteurs de la formation professionnelle, de la santé, de l'immobilier et du tourisme, pour n'en citer que quelques-uns.

Les entreprises qui investissent dans la réalité virtuelle peuvent bénéficier de nombreux avantages, tels que la création de nouveaux modèles économiques, une meilleure rétention de la clientèle, une réduction des coûts de formation et une augmentation de la productivité. Cependant, l'adoption de la réalité virtuelle peut également entraîner des coûts élevés en termes d'investissements initiaux, de recherche et développement, et de formation de personnel.

Par ailleurs, la concurrence sur le marché de la réalité virtuelle est de plus en plus intense, avec de nombreux acteurs majeurs, tels que Facebook, Google, Sony et HTC, qui investissent massivement dans la technologie. Les entreprises qui souhaitent se lancer dans l'industrie de la réalité virtuelle doivent être prêtes à affronter une concurrence féroce et à relever de nombreux défis technologiques.

5.3 Les enjeux de santé liés à l'utilisation de la réalité virtuelle

L'utilisation de la réalité virtuelle peut entraîner des conséquences sur la santé des utilisateurs. Bien que les recherches dans ce domaine soient encore limitées, il est important de considérer les risques potentiels.

Les effets sur les yeux :
Les casques de réalité virtuelle nécessitent que l'utilisateur fixe son regard sur un écran très proche des yeux, pendant une longue période de temps. Cela peut entraîner une fatigue oculaire, des maux de tête et des douleurs aux yeux. De plus, certaines personnes peuvent être sujettes à une sensibilité à la lumière bleue émise par les écrans, qui peut entraîner des conséquences sur la qualité du sommeil.

Les effets sur l'équilibre :
La réalité virtuelle peut entraîner des troubles de l'équilibre, particulièrement chez les personnes ayant déjà des problèmes de vertige. En effet, les mouvements dans l'environnement virtuel peuvent ne pas correspondre aux mouvements du corps réel, ce qui peut perturber l'équilibre de l'utilisateur.

Les effets sur le cerveau :
L'effet de présence en réalité virtuelle peut entraîner des changements dans la perception de l'utilisateur. Des études ont montré que certaines personnes peuvent rencontrer des difficultés à différencier la réalité virtuelle de la réalité réelle. Cela peut entraîner des effets psychologiques négatifs, tels que l'anxiété et la confusion.

Les effets sur le corps :
L'utilisation prolongée de la réalité virtuelle peut entraîner des douleurs musculaires et des problèmes de posture, car les utilisateurs peuvent adopter des positions inconfortables pour interagir avec l'environnement virtuel. De plus, certains jeux de réalité virtuelle peuvent entraîner des mouvements physiques intenses, qui peuvent causer des blessures ou des douleurs.

5.4 Les enjeux de sécurité

L'utilisation de la réalité virtuelle peut être associée à des risques de sécurité pour l'utilisateur. La nature immersive de la réalité virtuelle peut provoquer des accidents, tels que des chutes, des collisions ou des blessures dues à une perte de conscience de son environnement réel. En outre, la dépendance à la réalité virtuelle peut affecter la santé mentale et entraîner une altération de la perception de la réalité.

Un autre risque important est la collecte de données personnelles. Les données de suivi et les informations sur l'utilisateur peuvent être utilisées à des fins publicitaires, mais aussi pour des actions malveillantes telles que la cybercriminalité, le vol d'identité ou l'espionnage. Les données de suivi des mouvements et les informations sur les comportements des utilisateurs peuvent également être utilisées pour créer des profils détaillés, qui peuvent être vendus à des tiers sans le consentement des utilisateurs.

Enfin, l'utilisation de la réalité virtuelle peut également présenter des risques pour la sécurité informatique. Les casques de réalité virtuelle sont souvent connectés à Internet, et peuvent ainsi être vulnérables à des attaques de logiciels malveillants, de phishing ou de piratage. Les attaquants peuvent accéder à des informations personnelles, des données bancaires ou des informations sensibles à travers les dispositifs de réalité virtuelle.

Pour contrer ces risques, les entreprises doivent mettre en place des mesures de sécurité appropriées, telles que l'utilisation de pare-feux, de logiciels antivirus, et de protocoles de cryptage pour garantir la confidentialité des données. Les utilisateurs doivent également être informés des risques et des bonnes pratiques de sécurité lors de l'utilisation de la réalité virtuelle.

VI. La réalité augmentée

6.1 Définition de la réalité augmentée

La réalité augmentée (RA) est une technologie qui permet de superposer des informations numériques sur le monde réel. Contrairement à la réalité virtuelle, qui plonge l'utilisateur dans un environnement entièrement numérique, la réalité augmentée ajoute des éléments numériques à la perception de la réalité.

La RA se base sur l'utilisation de capteurs pour repérer la position de l'utilisateur et d'un dispositif d'affichage pour projeter les informations numériques dans le champ de vision de l'utilisateur. Les dispositifs les plus couramment utilisés pour la RA sont les smartphones et les tablettes, qui intègrent des capteurs de position et une caméra pour capturer l'image de l'environnement réel.

La réalité augmentée est utilisée dans de nombreux domaines, tels que l'industrie, la médecine, l'éducation, le tourisme, l'immobilier, la publicité, etc. Les applications de la réalité augmentée sont nombreuses et variées, allant de la visualisation de modèles 3D à la reconnaissance d'objets, en passant par l'enrichissement d'informations sur un lieu ou un objet.

La réalité augmentée permet de rendre l'expérience utilisateur plus immersive, interactive et informative. Elle ouvre de nouvelles perspectives pour la création de contenus numériques, en offrant de nouvelles façons d'interagir avec le monde qui nous entoure. La réalité augmentée est une technologie en constante évolution, et les applications qui en découlent ne cessent de se multiplier et de se diversifier.

6.2 Les différents types de réalité augmentée

Il existe plusieurs types de réalité augmentée, chacun ayant ses propres caractéristiques et applications. Les voici :

La réalité augmentée marker-based : Cette forme de réalité augmentée utilise des marqueurs visuels (codes QR, par exemple) pour déclencher des images, des animations ou des informations en réalité augmentée. Les marqueurs sont préprogrammés pour déclencher des éléments spécifiques, ce qui permet une interaction précise entre l'utilisateur et l'expérience de réalité augmentée.

La réalité augmentée markerless : Cette forme de réalité augmentée utilise des technologies de reconnaissance d'image et de géolocalisation pour superposer des informations en temps réel sur le monde réel. Les informations peuvent être sous forme de textes, d'images, de vidéos, etc.

La réalité augmentée projection-based : Cette forme de réalité augmentée projette des images ou des informations sur des surfaces réelles. Par exemple, une entreprise peut utiliser la réalité augmentée projection-based pour projeter un prototype de produit sur une table de conférence pour une présentation de vente.

La réalité augmentée superposition : Cette forme de réalité augmentée utilise un écran transparent pour superposer des informations en réalité augmentée sur le monde réel. Les exemples incluent les lunettes intelligentes qui permettent aux travailleurs de voir des informations pertinentes en temps réel pendant leur travail.

La réalité augmentée dans le navigateur : Cette forme de réalité augmentée permet aux utilisateurs d'accéder à des informations en réalité augmentée directement depuis leur navigateur web, sans avoir besoin de télécharger une application spécifique.

Chacun de ces types de réalité augmentée a ses propres avantages et limites, en fonction de l'application souhaitée. En comprenant ces différences, les entreprises peuvent choisir la meilleure forme de réalité augmentée pour atteindre leurs objectifs de communication, de formation ou de vente.

6.3 Les domaines d'application de la réalité augmentée

La réalité augmentée est une technologie qui peut être utilisée dans de nombreux domaines. Voici quelques exemples d'applications :

Marketing : La réalité augmentée est très utilisée dans le marketing pour promouvoir des produits. Par exemple, une entreprise peut créer une application de réalité augmentée qui permet à un client de voir à quoi ressemblerait un produit chez lui avant de l'acheter.

Éducation : La réalité augmentée peut être utilisée dans l'éducation pour rendre l'apprentissage plus interactif. Par exemple, des livres peuvent être équipés de codes QR qui, lorsqu'ils sont scannés, affichent des animations en 3D.

Architecture : La réalité augmentée est utilisée dans l'architecture pour visualiser les plans d'un bâtiment avant sa construction. Les plans peuvent être affichés en 3D et les architectes peuvent se déplacer dans l'espace virtuel pour voir à quoi ressemblera le bâtiment.

Jeux : La réalité augmentée peut être utilisée dans les jeux pour rendre l'expérience plus immersive. Par exemple, un jeu de chasse au trésor peut être créé où les joueurs doivent chercher des objets dans le monde réel en utilisant une application de réalité augmentée.

Médical : La réalité augmentée peut être utilisée dans le domaine médical pour aider les chirurgiens à effectuer des opérations plus précises. Par exemple, une application de réalité augmentée peut être utilisée pour superposer une image en 3D de l'organe à opérer sur le corps du patient.

La réalité augmentée a un potentiel énorme dans de nombreux domaines et il est probable que de nouvelles applications seront développées dans les années à venir.

6.4 Les avantages et les limites de la réalité augmentée

La réalité augmentée est une technologie prometteuse qui trouve de nombreuses applications dans divers domaines. Cependant, malgré ses nombreux avantages, la réalité augmentée présente également certaines limites qui doivent être prises en compte lors de son utilisation.

L'un des avantages les plus importants de la réalité augmentée est sa capacité à améliorer l'expérience utilisateur en ajoutant des éléments virtuels aux objets réels. Dans le domaine du commerce, la réalité augmentée peut aider les clients à visualiser des produits dans leur environnement avant de les acheter. Elle peut également être utilisée pour améliorer les présentations et les démonstrations de produits en ajoutant des éléments interactifs et en temps réel.

La réalité augmentée est également largement utilisée dans l'industrie de la santé pour aider les professionnels de la santé à visualiser des images médicales en temps réel. Elle peut également aider les patients à mieux comprendre leur état de santé en visualisant des représentations virtuelles de leur corps.

Cependant, la réalité augmentée présente également des limites. L'un des principaux inconvénients est la nécessité d'utiliser des équipements spécifiques pour accéder aux éléments virtuels. Les utilisateurs doivent avoir accès à un smartphone ou une tablette équipée d'une caméra et d'une application spécifique pour accéder aux éléments de réalité augmentée. De plus, l'utilisation prolongée de la réalité augmentée peut également entraîner une fatigue visuelle et des maux de tête.

Enfin, un autre inconvénient majeur est la nécessité d'avoir une connexion Internet pour accéder aux éléments de réalité augmentée. Dans les zones où la couverture réseau est faible ou inexistante, l'utilisation de la réalité augmentée peut être limitée, voire impossible.

Malgré ces limites, la réalité augmentée offre de nombreuses possibilités d'améliorer l'expérience utilisateur et de faciliter la compréhension des informations. Avec des améliorations technologiques continues, la réalité augmentée devrait continuer à gagner en popularité dans les années à venir.

6.5 Les technologies de réalité augmentée

La réalité augmentée utilise des technologies innovantes pour superposer des informations numériques au monde réel. Les applications de la réalité augmentée nécessitent des dispositifs qui permettent d'afficher ces informations. Ainsi, les technologies de réalité augmentée incluent :

Les smartphones : La plupart des smartphones modernes sont équipés de capteurs et de caméras, ce qui les rend parfaitement adaptés à l'utilisation de la réalité augmentée.

Les lunettes de réalité augmentée : Les lunettes de réalité augmentée sont des dispositifs portables qui projettent des images numériques dans le champ de vision de l'utilisateur. Les exemples populaires de ces lunettes sont les Google Glass, les HoloLens de Microsoft et les Spectacles de Snap.

Les cartes de réalité augmentée : Les cartes de réalité augmentée sont des cartes imprimées qui contiennent des informations numériques. Elles sont généralement utilisées dans le domaine de la publicité et du marketing pour donner des informations supplémentaires sur un produit ou un service.

Les interfaces de programmation d'applications (API) : Les API permettent aux développeurs de créer des applications de réalité augmentée en utilisant des technologies telles que la reconnaissance d'image et la géolocalisation.

En utilisant ces technologies, les applications de réalité augmentée peuvent être utilisées dans des domaines variés tels que la publicité, le tourisme, la formation, l'industrie, etc. La réalité augmentée est une technologie en pleine expansion et son potentiel est immense. Les avancées technologiques à venir permettront à la réalité augmentée de s'étendre encore plus, en offrant des expériences immersives et des applications plus performantes.

VII. La réalité mixte

7.1 Définition de la réalité mixte

La réalité mixte, également connue sous le nom de réalité hybride ou de réalité combinée, est une technologie qui combine la réalité virtuelle et la réalité augmentée. En d'autres termes, la réalité mixte permet à l'utilisateur de voir et d'interagir avec des objets virtuels placés dans le monde réel.

Les technologies de réalité mixte offrent de nombreuses possibilités, notamment dans les domaines de la formation, de la conception, de la maintenance et de l'assistance technique. Par exemple, dans le secteur de la conception industrielle, les ingénieurs peuvent utiliser la réalité mixte pour visualiser et manipuler des modèles 3D de produits avant même leur fabrication. De même, les techniciens de maintenance peuvent utiliser la réalité mixte pour suivre des instructions en temps réel tout en effectuant des réparations sur des équipements complexes.

La réalité mixte peut également être utilisée dans le domaine de la santé, pour aider à la réadaptation des patients après une blessure ou une maladie. En utilisant des capteurs de mouvement, la réalité mixte peut aider les patients à suivre des programmes de réadaptation personnalisés et à surveiller leur propre progression.

Les avantages de la réalité mixte sont nombreux. Tout d'abord, cette technologie offre une expérience utilisateur plus naturelle et plus immersive que la réalité augmentée ou la réalité virtuelle seules. En effet, la réalité mixte permet à l'utilisateur de voir et d'interagir avec des objets virtuels de manière plus réaliste, en les superposant sur le monde réel.

De plus, la réalité mixte permet une plus grande flexibilité dans la conception des environnements virtuels, en permettant aux utilisateurs de se déplacer librement dans l'espace physique tout en interagissant avec des objets virtuels. Cette fonctionnalité est particulièrement utile dans les domaines de la formation et de la conception.

Cependant, comme avec toute technologie émergente, il y a également des limites à la réalité mixte. Les principaux défis sont liés à la nécessité de disposer d'un matériel de pointe pour utiliser cette technologie, ainsi qu'à la complexité des environnements de réalité mixte, qui nécessitent des logiciels de modélisation 3D avancés.

Malgré ces limites, la réalité mixte est une technologie en pleine croissance qui devrait continuer à se développer dans les années à venir. Les avantages de cette technologie sont nombreux, et il est probable que nous verrons de plus en plus d'applications de réalité mixte dans les domaines de la formation, de la conception et de la maintenance.

7.2 Les différences entre réalité virtuelle, augmentée et mixte

La réalité virtuelle, la réalité augmentée et la réalité mixte sont souvent confondues car elles partagent certaines caractéristiques similaires. Cependant, il est important de comprendre les différences entre ces trois technologies pour savoir comment les utiliser de manière appropriée.

La réalité virtuelle est une technologie qui permet aux utilisateurs de se plonger dans un monde complètement virtuel. Les utilisateurs portent un casque de réalité virtuelle qui leur permet d'interagir avec cet environnement virtuel de manière très immersive.

La réalité augmentée est une technologie qui ajoute des éléments virtuels à un environnement réel. Les utilisateurs utilisent généralement leur téléphone ou leur tablette pour visualiser ces éléments virtuels qui sont superposés à leur environnement réel.

La réalité mixte, quant à elle, est une technologie qui combine des éléments virtuels et réels pour créer un environnement interactif. Les utilisateurs portent un casque de réalité mixte qui leur permet de voir à la fois les éléments virtuels et leur environnement réel. Cette technologie utilise également des dispositifs d'interaction qui permettent aux utilisateurs d'interagir avec ces éléments virtuels.

7.3 Les domaines d'application de la réalité mixte

La réalité mixte est une technologie émergente qui a un grand potentiel dans de nombreux domaines. Elle peut être utilisée dans la formation professionnelle, la médecine, l'ingénierie, l'architecture, la publicité, le marketing, les jeux vidéo et les médias.

En formation professionnelle, la réalité mixte permet de créer des environnements d'apprentissage immersifs qui permettent aux étudiants d'acquérir des compétences pratiques dans un environnement simulé avant de les appliquer dans le monde réel. Les médecins et les infirmiers peuvent utiliser la réalité mixte pour simuler des interventions chirurgicales ou des procédures médicales complexes avant de les effectuer sur de vrais patients. Les ingénieurs et les architectes peuvent utiliser la réalité mixte pour concevoir des prototypes de produits ou de bâtiments avant de les construire.

La réalité mixte est également utilisée dans la publicité et le marketing pour créer des campagnes publicitaires interactives qui permettent aux consommateurs de vivre des expériences immersives avec les produits avant de les acheter. Les jeux vidéo peuvent utiliser la réalité mixte pour créer des expériences de jeu plus immersives et plus interactives.

Les médias peuvent utiliser la réalité mixte pour créer des histoires immersives qui permettent aux spectateurs de participer activement à l'histoire. Par exemple, un journaliste peut utiliser la réalité mixte pour créer une histoire sur les effets du changement climatique en permettant aux spectateurs de voir les effets du changement climatique dans un environnement simulé.

7.4 Les avantages et les limites de la réalité mixte

La réalité mixte a le potentiel de combiner les avantages de la réalité virtuelle et de la réalité augmentée, en créant des expériences qui intègrent à la fois des éléments virtuels et des éléments réels. Cela permet d'ouvrir de nouvelles possibilités dans des domaines tels que l'éducation, l'industrie, le divertissement et la santé.

L'un des principaux avantages de la réalité mixte est qu'elle permet aux utilisateurs de rester dans le monde réel tout en bénéficiant d'informations ou de contenus virtuels. Cela peut être particulièrement utile dans des environnements professionnels où les travailleurs doivent interagir avec des machines ou des équipements réels tout en accédant à des informations ou des instructions virtuelles.

La réalité mixte peut également améliorer l'efficacité des tâches en fournissant des informations en temps réel, réduisant le temps nécessaire pour accéder à des données ou des ressources et permettant une meilleure prise de décision. Dans le domaine médical, la réalité mixte peut être utilisée pour fournir des images et des informations en temps réel pendant les interventions chirurgicales, ce qui peut aider à améliorer la précision et la sécurité des procédures.

Cependant, la réalité mixte présente également des limites. En raison de la complexité de la technologie, la réalité mixte peut être coûteuse à développer et à déployer. De plus, les utilisateurs peuvent éprouver des difficultés à passer d'un environnement réel à un environnement virtuel, ce qui peut rendre l'expérience confuse ou désorientante.

Enfin, la réalité mixte soulève des questions importantes en matière de confidentialité et de sécurité. Comme les utilisateurs interagissent à la fois avec des éléments réels et virtuels, il peut être difficile de protéger les données sensibles et de garantir la sécurité de l'utilisateur.

Malgré ces défis, la réalité mixte continue de se développer et d'évoluer. De nouvelles technologies et de nouvelles applications émergent constamment, offrant de nouvelles possibilités pour les utilisateurs et les professionnels.

7.5 Les technologies de réalité mixte

La réalité mixte nécessite une technologie avancée pour fonctionner. Elle repose sur l'utilisation de capteurs, de caméras, de processeurs et de logiciels qui permettent de superposer des objets virtuels sur le monde réel. Les technologies de réalité mixte les plus avancées sont capables de reconnaître les objets réels et de les intégrer dans l'environnement virtuel de manière réaliste.

L'une des principales technologies utilisées pour la réalité mixte est la capture de mouvement. Elle permet de suivre les mouvements de l'utilisateur et de les intégrer dans l'environnement virtuel en temps réel. Pour cela, des capteurs sont placés sur le corps de l'utilisateur ou sur les objets qu'il manipule. Ces capteurs enregistrent les mouvements et transmettent à un ordinateur qui les traite et les intègre dans l'environnement virtuel.

Les technologies de réalité mixte utilisent également des écrans transparents qui permettent de superposer des images virtuelles sur le monde réel. Ces écrans sont souvent équipés de caméras qui enregistrent l'environnement réel et permettent de l'adapter à l'environnement virtuel. Les images virtuelles peuvent ainsi s'intégrer parfaitement dans l'environnement réel, créant une expérience immersive et réaliste.

Les technologies de réalité mixte utilisent des logiciels de modélisation 3D qui permettent de créer des objets virtuels réalistes. Ces logiciels utilisent des algorithmes avancés pour reproduire les objets réels en 3D, ce qui permet de les superposer avec précision sur le monde réel. Les objets virtuels peuvent ainsi s'intégrer de manière réaliste dans l'environnement réel, créant une expérience de réalité mixte immersive et réaliste.

VIII. Conclusion

8.1 Les perspectives de la réalité virtuelle dans le futur

La réalité virtuelle a déjà parcouru un long chemin depuis ses débuts et il est passionnant de réfléchir à ce que l'avenir nous réserve. Les avancées technologiques se poursuivent à un rythme effréné, ouvrant la voie à de nouvelles applications de la réalité virtuelle. La combinaison de la réalité virtuelle avec l'intelligence artificielle et la réalité augmentée pourrait conduire à la création d'un monde virtuel totalement autonome.

Dans les années à venir, il est probable que nous verrons de plus en plus de domaines d'application de la réalité virtuelle. Les jeux vidéo restent l'un des principaux moteurs de l'industrie de la réalité virtuelle, mais d'autres domaines comme la formation professionnelle, le domaine médical et le tourisme sont en train de se développer.

L'industrie de la réalité virtuelle devrait également connaître une croissance continue en termes de nombre d'utilisateurs. À mesure que la technologie devient plus accessible et moins coûteuse, elle devrait devenir plus populaire auprès du grand public.

En outre, l'expérience utilisateur devrait être améliorée grâce à des avancées dans les systèmes d'interaction, de suivi et audio. Les casques de réalité virtuelle devraient également devenir plus légers et plus confortables, permettant aux utilisateurs de rester immergés plus longtemps sans ressentir de fatigue.

En fin de compte, l'avenir de la réalité virtuelle dépendra de la créativité des développeurs et de leur capacité à proposer des expériences utilisateur uniques et innovantes. Mais une chose est sûre, la réalité virtuelle continuera à nous surprendre et à repousser les limites de l'expérience humaine.

8.2 Les défis à relever pour l'avenir de la réalité virtuelle

Les défis à relever pour l'avenir de la réalité virtuelle sont nombreux. Tout d'abord, il y a un enjeu important lié au coût de la technologie. Pour le moment, les casques de réalité virtuelle sont relativement chers, ce qui limite leur accessibilité à un public plus large.

Pour que la réalité virtuelle puisse se développer davantage, il faudra trouver des moyens de réduire les coûts de production et de commercialisation de ces équipements.

Un autre défi important concerne la qualité de l'expérience utilisateur. Actuellement, les casques de réalité virtuelle sont souvent lourds et encombrants, ce qui peut rendre l'expérience peu agréable pour l'utilisateur. Il faudra donc trouver des moyens de rendre les casques plus confortables et plus pratiques à utiliser.

Enfin, il y a un enjeu éthique important lié à l'utilisation de la réalité virtuelle. En effet, la réalité virtuelle permet de créer des environnements virtuels très réalistes, ce qui peut être à la fois fascinant et perturbant. Il est donc important de veiller à ce que l'utilisation de la réalité virtuelle ne soit pas source de traumatisme ou de confusion pour les utilisateurs.

Malgré ces défis, il y a de grandes perspectives pour l'avenir de la réalité virtuelle. Les possibilités offertes par cette technologie sont immenses, que ce soit dans le domaine des jeux vidéo, de la formation professionnelle, de la médecine ou du tourisme. En développant de nouveaux usages pour la réalité virtuelle et en améliorant la qualité de l'expérience utilisateur, il est fort probable que cette technologie révolutionnaire continuera de se développer et de s'étendre dans les années à venir.

IX. Annexes

9.1 Glossaire des termes liés à la réalité virtuelle

Réalité virtuelle (VR) : simulation informatique immersive qui donne l'impression d'être présent dans un environnement numérique.

Réalité augmentée (AR) : superposition d'éléments virtuels sur le monde réel en temps réel, souvent vue à travers un écran de smartphone ou de tablette.

Interface cerveau-ordinateur (BCI) : technologie qui permet à un utilisateur de contrôler un ordinateur ou un appareil en utilisant simplement des signaux électriques émis par le cerveau.

Tracking : suivi du mouvement et de la position d'un objet ou d'une personne dans l'espace.

Casque VR : dispositif de réalité virtuelle qui se porte sur la tête et qui permet à l'utilisateur de voir et d'entendre un environnement numérique en 3D.

Contrôleur VR : dispositif utilisé pour interagir avec un environnement numérique en VR.

Haptique : technologie de retour de force ou de vibrations qui permet à l'utilisateur de sentir des sensations tactiles dans un environnement numérique.

Champ de vision (FOV) : mesure de l'angle visible à travers un casque VR ou tout autre dispositif d'affichage.

Latence : temps nécessaire pour que le mouvement de l'utilisateur soit reflété dans l'environnement numérique.

Motion sickness : sensation de malaise ou de nausée ressentie par certains utilisateurs lorsqu'ils sont en réalité virtuelle, en particulier en raison d'une latence élevée ou d'un champ de vision insuffisant.

Avatar : représentation numérique d'un utilisateur dans un environnement virtuel.

Mise à l'échelle : ajustement de la taille d'un objet dans un environnement virtuel pour correspondre à la perception visuelle de l'utilisateur.

9.2 Bibliographie des ouvrages de référence sur la réalité virtuelle

Voici une sélection d'ouvrages de référence sur la réalité virtuelle :

1. "The VR Book: Human-Centered Design for Virtual Reality" de Jason Jerald Ce livre couvre les principes de conception pour les expériences de réalité virtuelle centrées sur l'humain. Il fournit des outils et des conseils pour la conception de scénarios, l'interaction, l'interface utilisateur et la navigation dans les environnements virtuels.

2. "Virtual Reality and Augmented Reality: Myths and Realities" de Bruno Arnaldi, Pascal Guitton et Guillaume Moreau Cet ouvrage aborde les aspects techniques, ergonomiques et psychologiques de la réalité virtuelle et augmentée. Les auteurs explorent également les différents domaines d'application de ces technologies, tels que la santé, l'industrie, l'art et l'éducation.

3. "The Metaverse Roadmap" de Chris Baranuik et Jerry Paffendorf Ce livre propose une exploration des possibilités futures de la

réalité virtuelle, y compris le concept de metaverse - un univers virtuel partagé et persistant. Il présente également des scénarios d'utilisation potentiels pour les entreprises, la communauté et l'éducation.

4. "Virtual Reality Therapy for Anxiety Disorders: Advances in Evaluation and Treatment" de Brenda K. Wiederhold et Mark D. Wiederhold Cet ouvrage examine les avantages de la thérapie par réalité virtuelle pour les troubles anxieux. Les auteurs présentent des études de cas, des résultats de recherche et des techniques de traitement basées sur la réalité virtuelle.

5. "The Fourth Transformation: How Augmented Reality & Artificial Intelligence Will Change Everything" de Robert Scoble et Shel Israel Ce livre explore la façon dont la réalité augmentée et l'intelligence artificielle transformeront les industries telles que la santé, l'éducation, l'immobilier et les jeux. Les auteurs présentent également des prévisions sur l'avenir de ces technologies.

6. "The History of the Future: Oculus, Facebook, and the Revolution That Swept Virtual Reality" de Blake J. Harris Ce livre retrace l'histoire de

la montée d'Oculus VR, de son acquisition par Facebook et de son impact sur la réalité virtuelle. Il examine également les développements futurs possibles pour cette technologie en constante évolution.

9.3 Liste des entreprises et organisations œuvrant dans le domaine de la réalité virtuelle

Le domaine de la réalité virtuelle est en pleine expansion, et de nombreuses entreprises et organisations se sont lancées dans cette industrie. Voici une liste non exhaustive des acteurs majeurs du marché :

1. Oculus VR : une filiale de Facebook, fondée en 2012 par Palmer Luckey, qui a développé le casque Oculus Rift, l'un des casques VR les plus populaires sur le marché.

2. HTC Vive : un autre acteur majeur du marché, développé en partenariat avec Valve Corporation, qui propose un système de réalité virtuelle à la pointe de la technologie.

3. Sony : avec son casque Playstation VR, Sony a également réussi à se faire une place sur le marché de la réalité virtuelle, en proposant une expérience immersive pour les joueurs.

4. Google : avec son système Daydream et son projet Cardboard, Google a développé des systèmes de réalité virtuelle accessibles pour les utilisateurs de smartphones.

5. Samsung : en partenariat avec Oculus, Samsung a développé les casques de réalité virtuelle Samsung Gear VR, qui utilisent les smartphones de la marque pour créer une expérience immersive.

6. Microsoft : avec le casque Hololens, Microsoft propose une solution de réalité augmentée, qui permet de superposer des éléments virtuels dans le monde réel.

7. Magic Leap : cette entreprise américaine propose une technologie de réalité augmentée unique en son genre, qui utilise la lumière pour créer des images virtuelles.

8. Unity : cette entreprise propose un moteur de jeu qui permet de créer des expériences de réalité virtuelle et de réalité augmentée.

9. Epic Games : cette entreprise est connue pour avoir développé le moteur de jeu Unreal Engine, qui permet de créer des jeux vidéo en réalité virtuelle.

10. Intel : avec son projet Alloy, Intel a développé un casque de réalité virtuelle sans fil, qui permet une expérience immersive sans limites.